škola - sakola	2
cesta - lalampahan	5
transport - transportasi	8
město - kota	10
krajina - pamandangan	14
restaurace - restoran	17
supermarket - supermarkét	20
nápoje - inuman	22
jídlo - dahareun	23
usedlost - pertanian	27
dům - imah	31
obývací pokoj - rohang tamu	33
kuchyně - dapur	35
koupelna - kamar ibak	38
dětský pokoj - kamar budak	42
oblečení - acuk	44
kancelář - kantor	49
hospodářství - ékonomi	51
povolání - pagawéan	53
nářadí - alat	56
hudební nástroje - alat musik	57
zoo - kebon binatang	59
sport - olahraga	62
aktivity - aktivitas	63
rodina - kulawarga	67
tělo - awak	68
nemocnice - rumah sakit	72
urgentní případ - darurat	76
země - Bumi	77
hodiny - jam	79
týden - minggu	80
rok - taun	81
tvary - bentuk	83
barvy - warna-warna	84
protiklady - sabalikna	85
čísla - angka-angka	88
jazyky - basa-basa	90
Kdo / co / jak - saha / naon / kumaha	91
kde - di mana	92

Impressum
Verlag: BABADADA GmbH, Nedderfeld 112 , 22529 Hamburg
Geschäftsführer / Verlagsleitung: Harald Hof
Druck: Books on Demand GmbH, In de Tarpen 42, 22848 Norderstedt

Imprint
Publisher: BABADADA GmbH, Nedderfeld 112 , 22529 Hamburg, Germany
Managing Director / Publishing direction: Harald Hof
Print: Books on Demand GmbH, In de Tarpen 42, 22848 Norderstedt

škola
sakola

- třída / rohang kelas
- dělit / bagi
- tabule / papan
- školní hřiště / pakarangan sakola
- učitel / guru
- papír / kertas
- psát / nyerat / nulis
- pero / kalam
- psací stůl / méja gawé
- pravítko / jidar
- kniha / buku
- žák / murit

aktovka
tas sakola

penál
wadah potlot

tužka
potlot

ořezávátko
rautan potlot

guma
pamupus

blok na kreslení
kertas gambar

výkres	štětec	malířské potřeby
gambar	kuas cét	kotak cét

nůžky	lepidlo	cvičebnice
gunting	lém	buku latihan

domácí úkol	počet	sčítat
péér	angka	nambahkeun

odčítat	násobit	počítat
kurang	kali	ngitung

písmeno	abeceda	slovo
surat	alpabét	kecap

škola - sakola

text

téks

číst

maca

křída

kapur

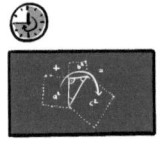

hodina

palajaran

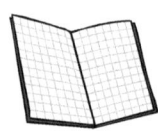

třídní kniha

daptar

zkouška

ujian

vysvědčení

sértipikat

školní uniforma

saragam sakola

vzdělání

atikan

encyklopedie

énsiklopédi

univerzita

univérsitas

mikroskop

mikroskop

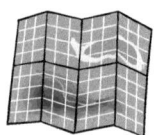

karta

peta

odpadkový koš na papír

wadah runtah

škola - sakola

cesta
lalampahan

hotel
hotél

ubytovna
hostél

směnárna
kantor pertukaran mata uang

kufr
koper

auto
mobil

jazyk
basa

ano / ne
muhun / henteu

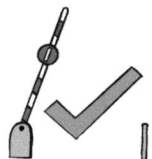

oukej
oké

Ahoj!
hei

překladatel
panarjamah

děkuji
hatur nuhun

cesta - lalampahan

Kolik stojí...?
sabaraha hargana...?

nerozumím
abdi teu ngartos

problém
masalah

Dobrý večer!
Wilujeng wengi!

Dobré ráno!
Wilujeng siang!

Dobrou noc!
Wilujeng wengi!

na shledanou
mugi patepang deui

směr
arah

zavazadlo
bagasi

taška
kantong

batoh
ransel

host
tamu

pokoj
rohang

spací pytel
kantong saré

stan
tenda

turistické informace

informasi wisata

pláž

pantai

kreditní karta

kartu krédit

snídaně

sarapan

oběd

dahar beurang

večeře

dahar peuting

jízdenka

tikét

výtah

lift

poštovní známka

perangko

hranice

wates

clo

cukai

poselství

kedutaan

vízum

visa

pas

paspor

cesta - lalampahan

transport
transportasi

loď
parahu motor

letadlo
kapal terbang

hasičský vůz
mobil pemadam kebakaran

nákladní vůz
treuk

autobus
beus

motorový člun
parahu motor

auto
mobil

kolo
sapeda

přívoz
kapal féri

člun
parahu

motorka
sapeda motor

policejní auto
mobil pulisi

závodní auto
mobil balap

pronajaté auto
mobil nyéwa

sdílení aut | odtahová služba | popelářský vůz
mobil babarengan | treuk dérék | treuk runtah

motor | palivo | čerpací stanice
motor | bahan bakar | bénsin

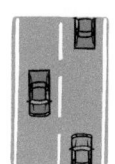

dopravní značka | doprava | dopravní zácpa
tanda lalulintas | lalulintas | macét

parkoviště | vlakové nádraží | koleje
parkir mobil | stasiun karéta | trék

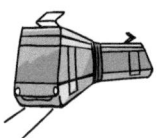

vlak | tramvaj | vagón
karéta api | tram | garobag

transport - transportasi

helikoptéra — hélikopter
letiště — bandara
věž — munara

pasažér — panumpang
kontejner — konténer
kartón — karton

  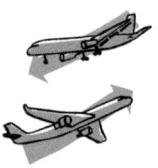

trakař — troli
koš — karanjang
vzlétnout / přistát — terbang / landas

město
kota

vesnice — kampung
střed města — tengah kota
dům — imah

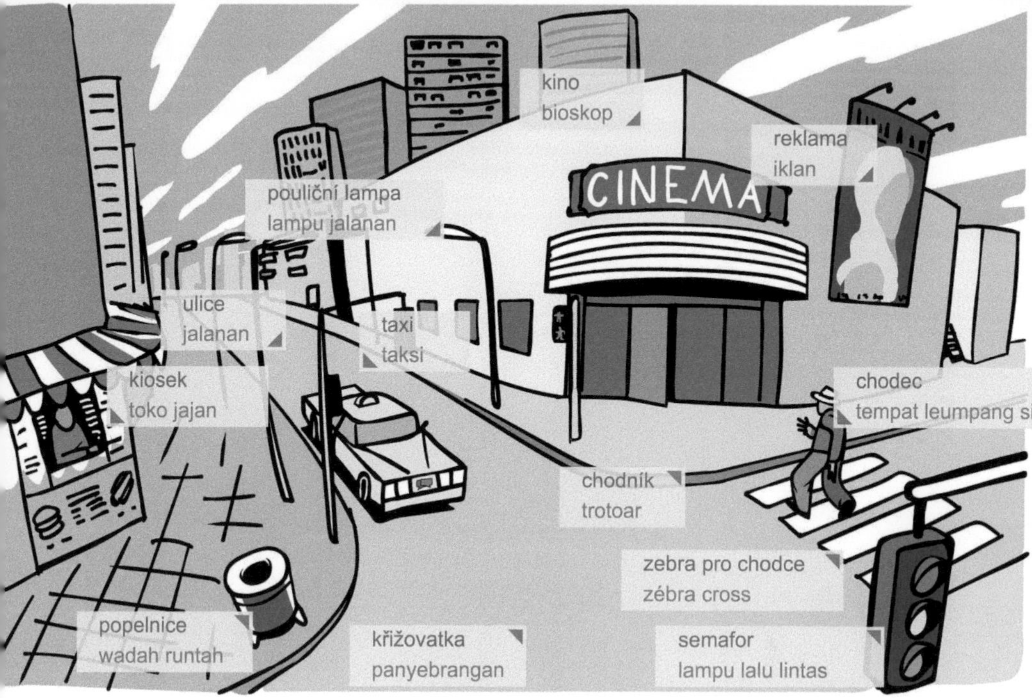

kino
bioskop

reklama
iklan

pouliční lampa
lampu jalanan

ulice
jalanan

taxi
taksi

kiosek
toko jajan

chodec
tempat leumpang si[s]

chodník
trotoar

zebra pro chodce
zébra cross

popelnice
wadah runtah

křižovatka
panyebrangan

semafor
lampu lalu lintas

chata
gubuk

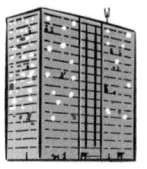

byt
imah flat

vlakové nádraží
stasiun karéta

radnice
balai kota

muzeum
museum

škola
sakola

město - kota

univerzita
univérsitas

banka
bank

nemocnice
rumah sakit

hotel
hotél

lékárna
farmasi

kancelář
kantor

knihkupectví
toko buku

obchod
toko

květinářství
toko kembang

supermarket
supermarkét

tržnice
pasar

obchodní dům
swalayan

rybárna
nalayan

nákupní centrum
pusat balanja

přístav
palabuan

město - kota

park
kebon

lavička
korsi

most
sasak

schody
tangga

metro
kareta bawah tanah

tunel
torowongan

autobusová zastávka
halte beus

bar
bar

restaurace
restoran

poštovní schránka
kotak surat

pouliční tabule
tanda jalan

parkovací hodiny
meteran parkir

zoo
kebon binatang

plovárna
kolam renang

mešita
masigit

město - kota

usedlost	znečišťování životního prostředí	hřbitov
pertanian	polusi	kuburan

církev	hřiště	chrám
gareja	tempat ulin	pura

krajina
pamandangan

- list / daun
- rozcestník / panunjuk arah
- cesta / jalanan
- louka / ladang jukut
- kámen / batu
- strom / tangkal
- turista / tukang leumpang
- řeka / susukan
- tráva / jukut
- květina / kembang

údolí
lengkob

hora
bukit

jezero
tasik

les
leuweung

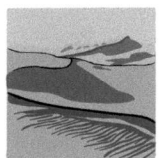
poušť
gurun

sopka
gunung marapi

zámek
karaton

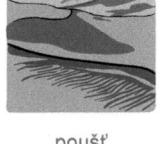
duha
katumbiri

houba
suung

palma
tangkal palem

komár
reungit

moucha
laleur

mravenec
sireum

včela
nyiruan

pavouk
lamat lancah

krajina - pamandangan

brouk
nyiruan

žába
bangkong

veverka
bajing

ježek
landak

zajíc
kalinci

sova
bueuk

pták
manuk

labuť
soang

divoké prase
bagong

jelen
kijang

los
kijang

přehrada
bendungan

větrné kolo
turbin angin

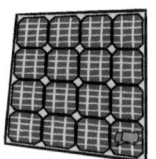

solární panel
panél surya

podnebí
iklim

restaurace
restoran

- číšník / badega
- jídelní lístek / menu
- židle / korsi
- polévka / sop
- pizza / pitsa
- příbor / parkakas dahar
- ubrus / taplak

předkrm
hidangan pembuka

hlavní chod
hidapan utama

dezert
hidangan penutup

nápoje
inuman

jídlo
dahareun

láhev
botol

restaurace - restoran

rychlé občerstvení
dahareun cepat saji

pouliční občerstvení
jajanan sisi jalan

čajová konvice
téko téh

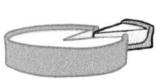

cukřenka
wadah gula

porce
porsi

kávovar na espresso
mesin éspréso

dětská stolička
korsi jangkung

faktura
tagihan

tác
baki

nůž
péso

vidlička
garpu

lžíce
séndok

čajová lyžička
séndok téh

ubrousek
serbét

sklenička
gelas

restaurace - restoran

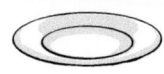

talíř	talíř na polévku	podšálek
piring	mangkok sop	pisin

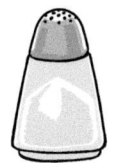

omáčka	slánka	mlýnek na pepř
saos	wadah uyah	panggiling pedes

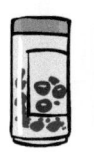

ocet	olej	koření
cuka	minyak	bumbu

kečup	hořčice	majonéza
saos tomat	mustard	mayonés

supermarket
supermarkét

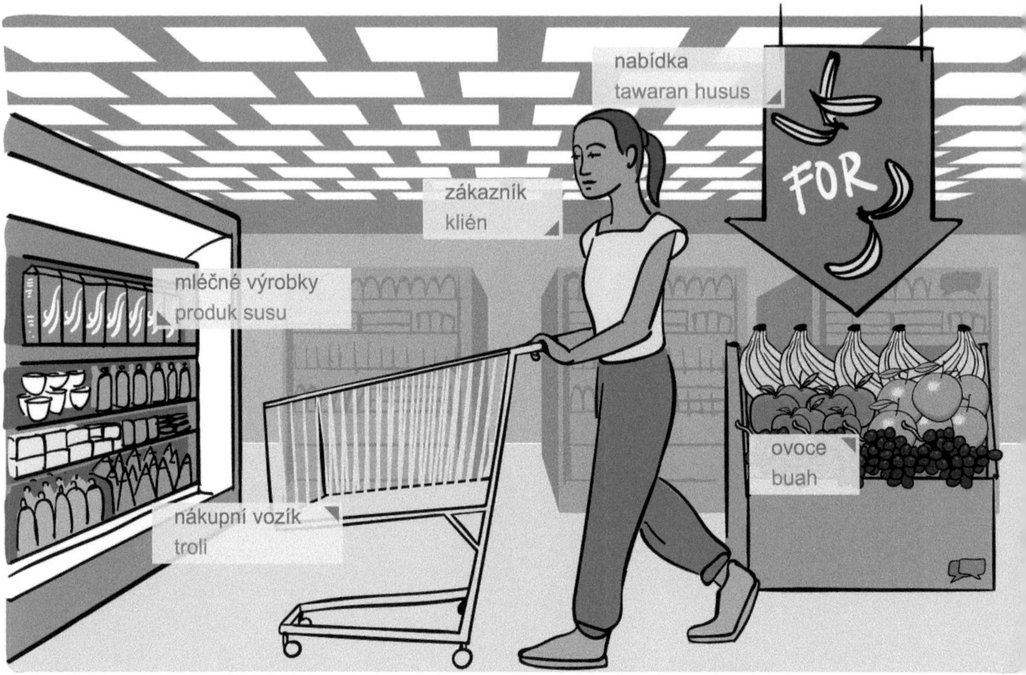

nabídka
tawaran husus
FOR
zákazník
klién
mléčné výrobky
produk susu
ovoce
buah
nákupní vozík
troli

BUTCHERS

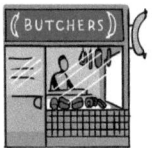

masna

tukang meuncit

BAKERY

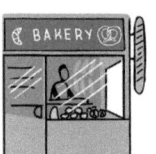

pekařství

toko roti

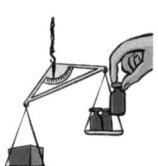

vážit

nimbang

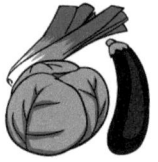

zelenina

sayur

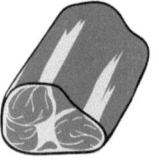

maso

daging

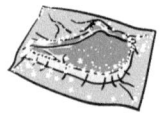

mražené potraviny

tuangeun beku

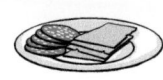
obložený talíř
alat potong daging

konzervy
dahareun kaléng

prací prášek
sabun serbuk

cukrovinky
permén

výrobky pro domácnost
perkakas rumah tangga

čisticí prostředek
produk pembersih

prodavačka
tukang jualan

pokladna
kasa

pokladní
kasir

nákupní seznam
daftar balanja

otevírací doba
jam buka

peněženka
dompét

kreditní karta
kartu krédit

taška
kantong

igelitová taška
kantong palastik

supermarket - supermarkét

nápoje
inuman

voda
cai

džus
jus

mléko
susu

kola
kola

víno
anggur

pivo
arak

alkohol
arak

kakao
coklat

čaj
téh

káva
kopi

espresso
éspréso

kapučíno
kapucino

jídlo
dahareun

banán
pisang

jablko
apel

pomeranč
jeruk

meloun
samangka

citrón
lémon

mrkev
wortel

česnek
bawang bodas

bambus
awi

cibule
bawang bombai

houba
suung

ořechy
suuk

těstoviny
emih

špageti	rýže	salát
spagéti	sangu	salat

hranolky	americké brambory	pizza
kentang goréng	kentang goréng	pitsa

hamburger	sendvič	řízek
hamburger	roti lapis	sakeureut daging

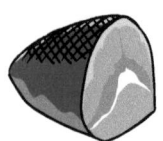

šunka	salám	salám
ham	salami	sosis

kuře	pečeně	ryby
hayam	ngagoreng	lauk

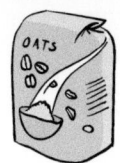

ovesné vločky	müsli	vločky
bubur gandum	séréal	cornflakes

mouka	croissant	houska
tarigu	croissant	roti

chléb	toast	sušenky
roti	roti panggang	biskuit

máslo	tvaroh	buchta
mantéga	dadih	kuéh

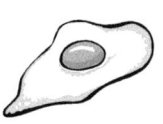

vejce	volské oko	sýr
endog	goréng endog	keju

jídlo - dahareun

| zmrzlina | cukr | med |
| eskrim | gula | madu |

| marmeláda | nugátový krém | kari |
| selé | krim coklat | karé |

jídlo - dahareun

usedlost
pertanian

selské stavení / imah anjing
stodola / lumbuh
balík slámy / balé jamari
pole / lapangan
kůň / kuda
přívěs / karéta gandéng
hříbě / belo
traktor / traktor
osel / kaldé
ovce / domba
jehně / domba

koza
embé

kráva
sapi

tele
bitis

prase
bagong

sele
babi

býk
banténg

husa
soang

kachna
éntog

kuře
pitik

slepice
hayam

kohout
hayam jago

krysa
beurit

kočka
ucing

myš
beurit

vůl
sapi

pes
anjing

psí bouda
imah anjing

zahradní hadice
selang

kropicí konev
kaléng nyiram

kosa
arit panjang

pluh
ngabajak

srp
arit

motyka
pacul

vidle
garpuh jukut

sekera
kapak

kolecko
gorobah

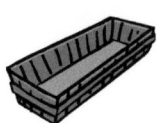
koryto
palung

konev na mléko
kaléng susu

pytel
karung

plot
pager

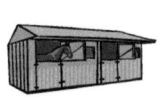
stáj
kandang

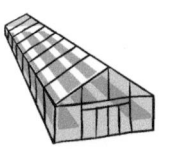
skleník
imah kaca

půda
taneuh

osivo
benih

hnojivo
pupuk

kombajn
mesin permén

usedlost - pertanian

sklidit
panén

sklizeň
panén

smldinec
yams

pšenice
gandum

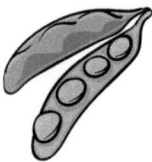
sója
kedelé

brambora
kentang

kukuřice
jagong

řepka
lobak

ovocný strom
tangkal buah

maniok
sampeu

obilí
séréal

usedlost - pertanian

dům
imah

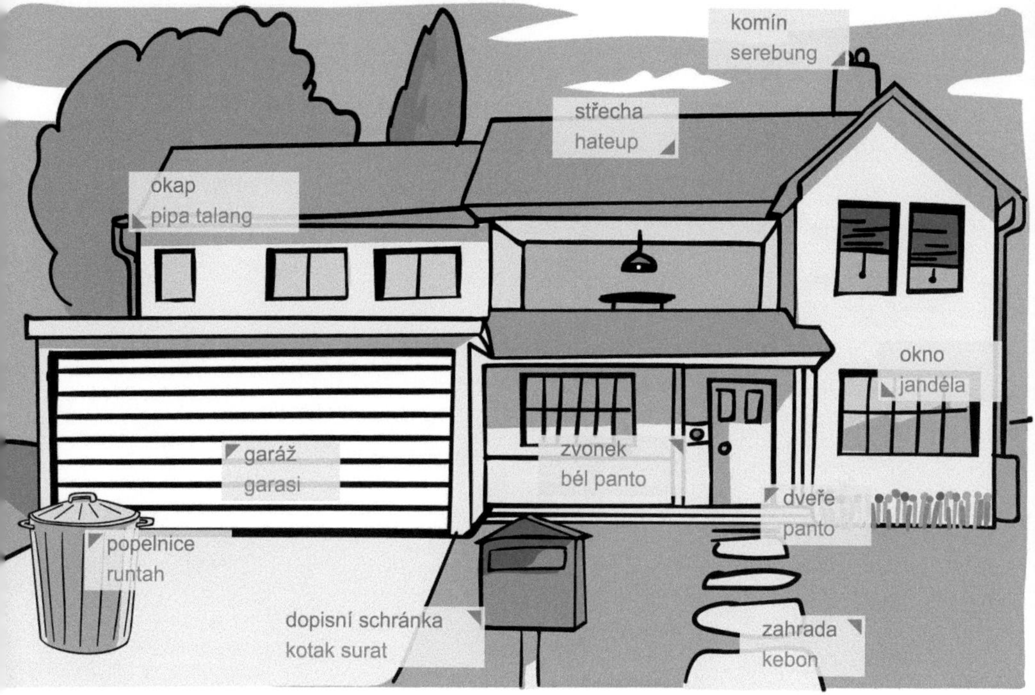

komín
serebung

střecha
hateup

okap
pipa talang

okno
jandéla

garáž
garasi

zvonek
bél panto

dveře
panto

popelnice
runtah

dopisní schránka
kotak surat

zahrada
kebon

obývací pokoj
rohang tamu

koupelna
kamar ibak

kuchyně
dapur

ložnice
pangkéng

dětský pokoj
kamar budak

jídelna
kamar makan

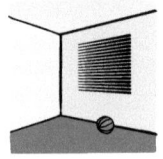
podlaha
téhel

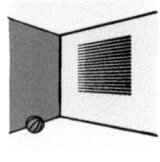
zeď
tembok

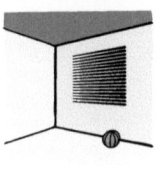
deka
hateup

sklep
gudang di handap imah

sauna
sauna

balkón
balkon

terasa
tepas

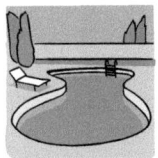
bazén
kolam renang

sekačka na trávu
mesin pamotong jukut

ložní prádlo
sepré

lůžková přikrývka
simbut

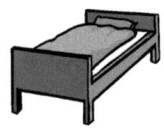
postel
ranjang

smeták
sapu

kýbl
émbér

vypínač
tombol

dům - imah

obývací pokoj
rohang tamu

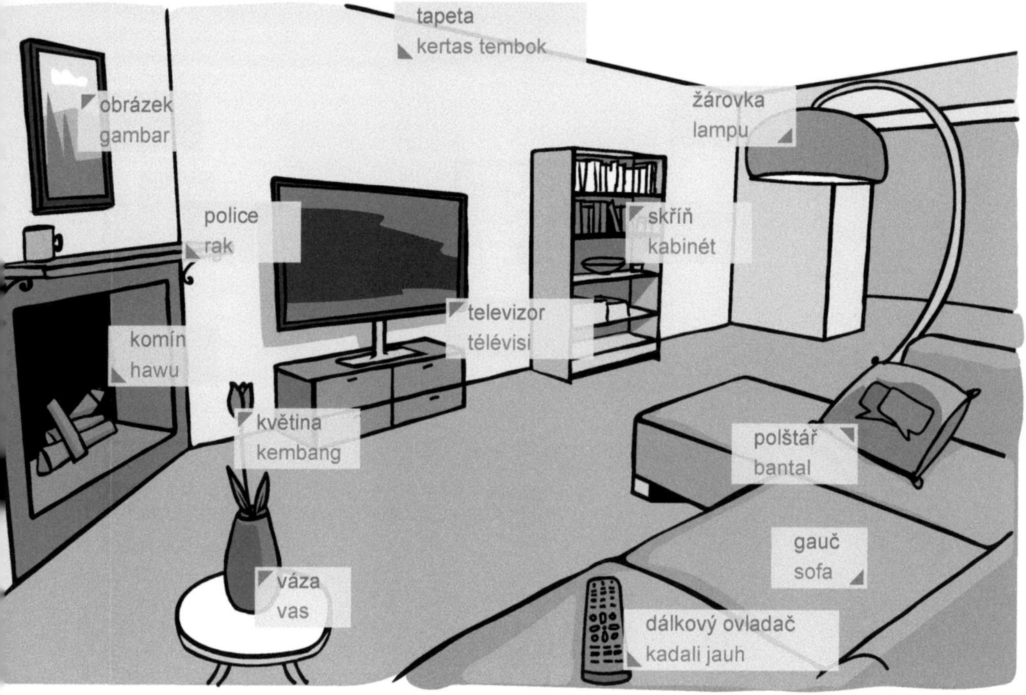

- tapeta / kertas tembok
- obrázek / gambar
- žárovka / lampu
- police / rak
- skříň / kabinét
- komín / hawu
- televizor / télévisi
- květina / kembang
- polštář / bantal
- gauč / sofa
- váza / vas
- dálkový ovladač / kadali jauh

koberec
karpét

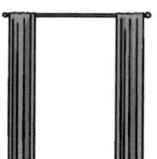

závěs
hordéng

stůl
meja

židle
korsi

houpací křeslo
korsi goyang

křeslo
korsi malas

kniha
buku

strop
simbut

ozdoba
dékorasi

palivové dříví
suluh

film
pilem

stereo souprava
hi-fi

klíč
konci

noviny
surat kabar

malba
lukisan

plakát
poster

rádio
radio

poznámkový blok
buku tulis

vysavač
panyedot kebul

kaktus
kaktus

svíce
lilin

obývací pokoj - rohang tamu

kuchyně
dapur

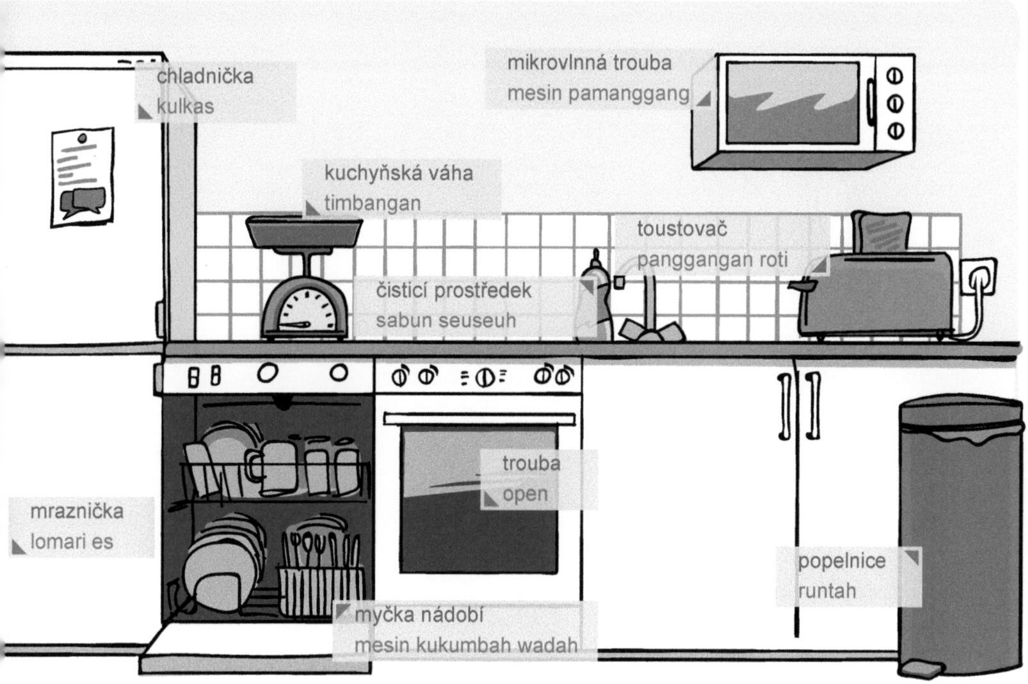

- chladnička / kulkas
- mikrovlnná trouba / mesin pamanggang
- kuchyňská váha / timbangan
- toustovač / panggangan roti
- čisticí prostředek / sabun seuseuh
- trouba / open
- mraznička / lomari es
- popelnice / runtah
- myčka nádobí / mesin kukumbah wadah

sporák
kompor

hrnec
panci

litinový hrnec
panci beusi

wok / kadai
katél

pánev
panci

varná konvice
citél

kuchyně - dapur

parní hrnec
langseng

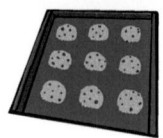

plech na pečení
baki

nádobí
piring

hrnek
cangkir

miska
mangkok

jídelní hůlky
sumpit

naběračka
sendok sop

obracečka
sérok

metla
pangocok

síto
ayakan

cedník
saringan

struhadlo
parutan

hmoždíř
mortar

gril
daging bakar

ohniště
suluh

kuchyně - dapur

prkénko na krájení
papan pamotong

váleček na těsto
gilingan

vývrtka
alat pambuka tutup botol

dóza
kaléng

otvírák na konzervy
pambuka kaléng

chňapka
gagang panci

umyvadlo
tilelep

kartáč na nádobí
sikat

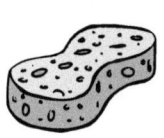
houba
busa

mixér
blénder

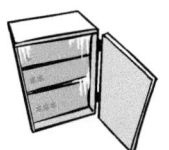
mrazák
lomari es

dětská lahev
botol orok

kohoutek
keran

kuchyně - dapur

koupelna
kamar ibak

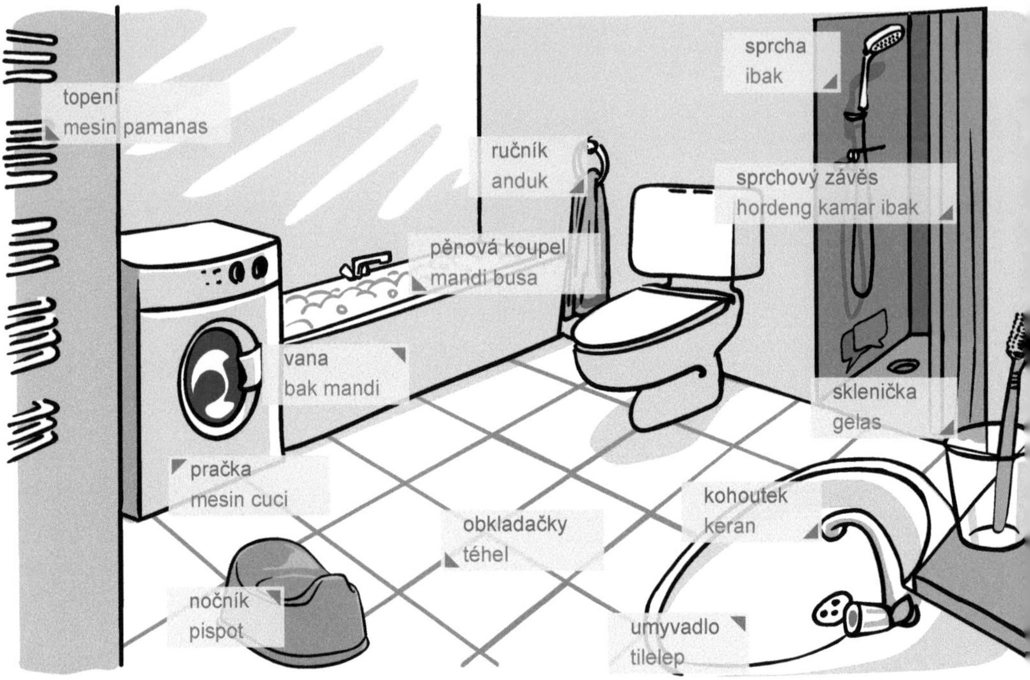

- topení — mesin pamanas
- sprcha — ibak
- ručník — anduk
- sprchový závěs — hordeng kamar ibak
- pěnová koupel — mandi busa
- vana — bak mandi
- sklenička — gelas
- pračka — mesin cuci
- obkladačky — téhel
- kohoutek — keran
- nočník — pispot
- umyvadlo — tilelep

záchod
jamban

turecký záchod
cubluk

bidet
bidét

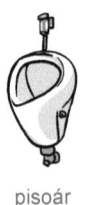

pisoár
urinal

toaletní papír
kertas jamban

záchodová štětka
sikat jamban

zubní kartáček
sikat huntu

zubní pasta
odol

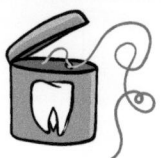
zubní niť
benang gigi

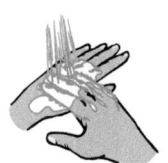
mýt
nyeuseuh

ruční sprcha
kokocoran leungeun

intimní sprcha
kukucuran

umyvadlo
bak

kartáč na záda
panyikat tonggong

mýdlo
sabun

sprchový gel
gel ibak

šampón
sampo

žínka
planél

odpad
nguras

krém
krim

deodorant
déodoran

koupelna - kamar ibak

zrcadlo
eunteung

kosmetické zrcátko
eunteung leungeun

holicí strojek
péso cukur

pěna na holení
busa cukur

voda po holení
krim cukur

hřeben
sisir

kartáč
sikat

fén
alat panggaring rambut

lak na vlasy
semprotan rambut

makeup
pangrias beungeut

rtěnka
lipstik

lak na nehty
cét kuku

vata
kapas

nůžky na nehty
gunting kuku

parfém
minyak seungit

40 koupelna - kamar ibak

taška s toaletními potřebami   stolička   váha

kantong seuseuh   bangku   timbangan

  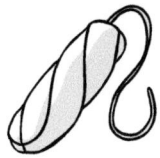

župan   gumové rukavice   tampón

baju mandi   sarung tangan karét   sampon

dámská vložka   chemická toaleta

handuk pembalut   jamban kimia

koupelna - kamar ibak

dětský pokoj
kamar budak

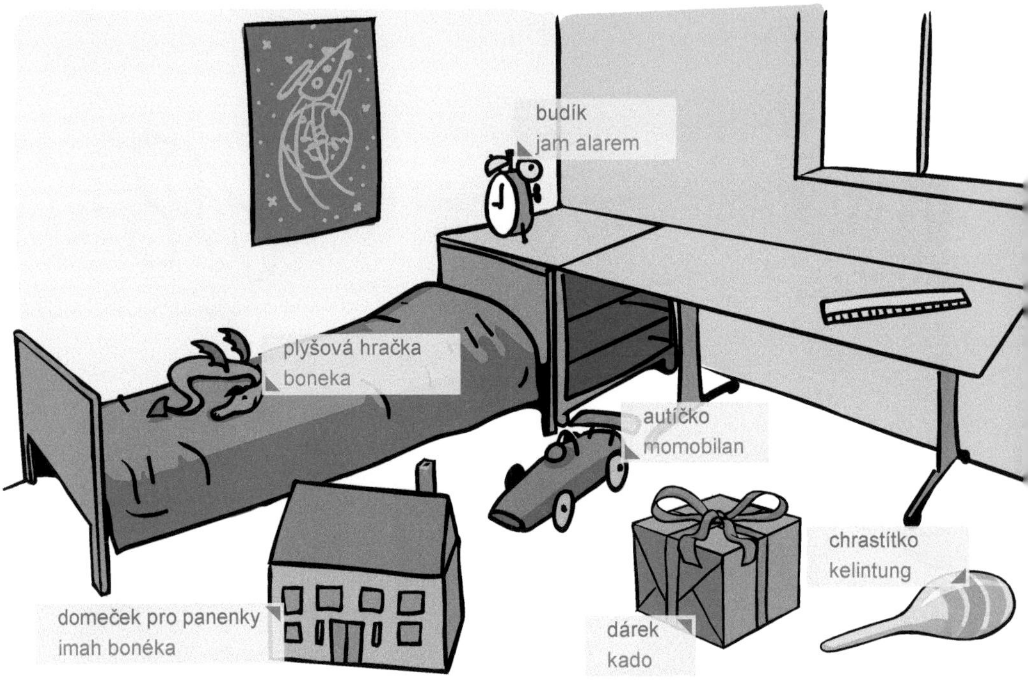

budík
jam alarem
plyšová hračka
boneka
autíčko
momobilan
chrastítko
kelintung
domeček pro panenky
imah bonéka
dárek
kado

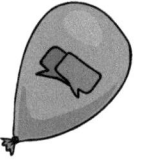

balón

balon

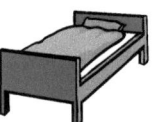

postel

ranjang

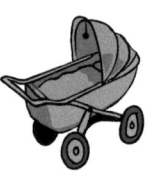

kočárek

karéta orok

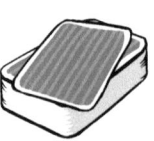

balíček karet

kartu

puzzle

tatarucingan

SUPER
MEGA

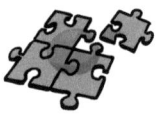

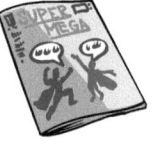

komiks

komik

lego kostky
kaulinan lego

stavebnice
kaulinan bentuk blok

akční figurka
figur tokoh

dupačky
baju budak

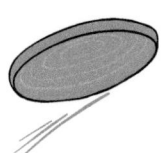
frisbee
frisbee

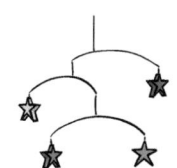
závěsné hračky nad postýlku
mobile

desková hra
papan gim

kostky
dadu

modelová železnice
set model kareta api

dudlík
endot

oslava
pihak

obrázková kniha
buku gambar

míč
bal

panenka
bonéka

hrát si
ulin

dětský pokoj - kamar budak

pískoviště
wadah pasir maénan

houpačka
ayunan

hračky
kaulinan

hrací konzole
video gim konsol

tříkolka
sapedah roda tilu

medvídek
bonéka beruang

šatník
lomari baju

oblečení
acuk

ponožky
kaos kaki

punčochy
kaos kaki

punčochové kalhoty
baju ketat

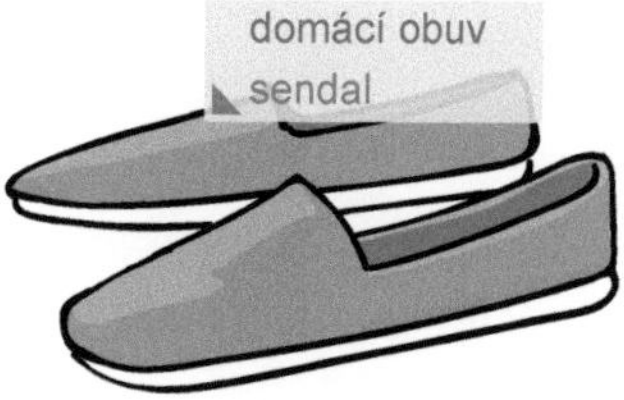

šála
syal

pásek
beubeur

deštník
payung

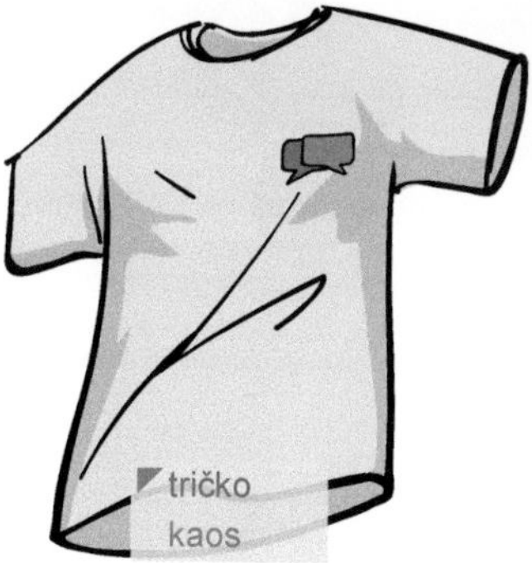

tričko
kaos

tenisky
sapatu

kozačky
sapatu bot

domácí obuv
sendal

sandály

sendal

obuv

sapatu

holínky

sapatu bot karét

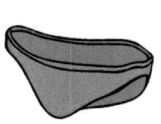

spodní prádlo

cangcut

podprsenka

kutang

nátělník

baju rompi

oblečení - acuk

body
awak

kalhoty
calana

džíny
jins

sukně
rok

blůza
blus

košile
kaméja

svetr
jakét tiung

mikina
baju haneut

blejzr
jakét

bunda
jakét

kabát
jakét

pláštěnka
jas hujan

kostým
kostum

šaty
gaun

svatební šaty
gaun pangantén

oblek
baju resmi

noční košile
baju saré

pyžamo
piyama

sárí
sari

šátek na hlavu
tiung

turban
turban

burka
burka

kaftan
kaftan

abája
abaya

plavky
baju renang

pánské plavky
calana renang

kraťasy
calana péndék

tepláková souprava
orang raga

zástěra
celemék

rukavice
sarung tangan

oblečení - acuk

knoflík
kancing

brýle
kaca soca

náramek
gelang

náhrdelník
kongkorong

prsten
ali

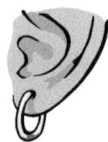

náušnice
giwang

čepice
topi

ramínko
gantungan jakét

klobouk
topi

kravata
dasi

zip
risléting

helma
hélem

kšandy
tali salémpang

školní uniforma
saragam sakola

uniforma
saragam

oblečení - acuk

bryndák
apron orok

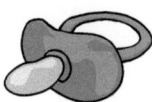
dudlík
endot

plena
popok

kancelář
kantor

papír
kertas

kartotéka
lomari arsip

tiskárna
panyetak

server
server

monitor
layar

psací stůl
méja gawé

myš
mouse komputer

šanon
tempat pangarsipan

klávesnice
papan tombol

odpadkový koš na papír
wadah runtah

počítač
komputer

židle
korsi

hrnek na kávu
cangkir kopi

kalkulačka
kalkulator

internet
internét

notebook
laptop

dopis
surat

zpráva
pesen

mobil
telpon sélulér

síť
jaringan

kopírka
fotokopi

software
software

telefon
telpon

zásuvka
plug sokét

fax
mesin fax

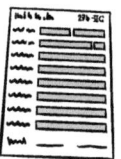

formulář
formulir

dokument
dokumén

kancelář - kantor

hospodářství
ékonomi

nakupovat
mésér

zaplatit
mayar

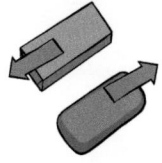
jednat
dagang

peníze
artos

dolar
dollar

euro
euro

jen
yen

rubl
rubel

frank
Franc swiss

juan
renminbi yuan

rupie
rupiah

bankomat
ATM

směnárna
kantor pertukaran mata uang

zlato
emas

stříbro
pérak

olej
minyak

energie
énérgi

cena
harga

smlouva
kontrak

daň
pajak

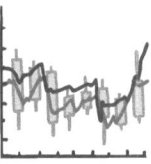

akcie
saham

pracovat
gawé

zaměstnanec
karyawan

zaměstnavatel
dunungan

továrna
pabril

obchod
toko

hospodářství - ékonomi

povolání
pagawéan

policista
petugas pulisi

hasič
pemadam kebakaran

kuchař
koki

lékař
dokter

pilot
pilot

zahradník
tukan kebon

truhlář
tukang kai

švadlena
tukang jait awéwé

soudce
hakim

chemik
ahli kimia

herec
aktor

řidič autobusu
sopir beus

řidič taxi
sopir taksi

rybář
nalayan

uklízečka
pembantu

pokrývač
tukang hateup

číšník
badega

myslivec
tukang muru

malíř
pelukis

pekař
tukang roti

elektrikář
tukang listrik

stavební dělník
tukang bangun

inženýr
insinyur

řezník
tukang daging

klempíř
tukang pipa

listonoš
tukang pos

voják
tentara

architekt
arsiték

pokladní
kasir

florista
tukang kembang

kadeřník
tukang salon

průvodčí
konduktor

mechanik
tukang méngkél

kapitán
kaptén

zubař
dokter gigi

vědec
ilmuwan

rabín
rabbi

imám
imam

mnich
biarawan

duchovní
pendéta

povolání - pagawéan

nářadí
alat

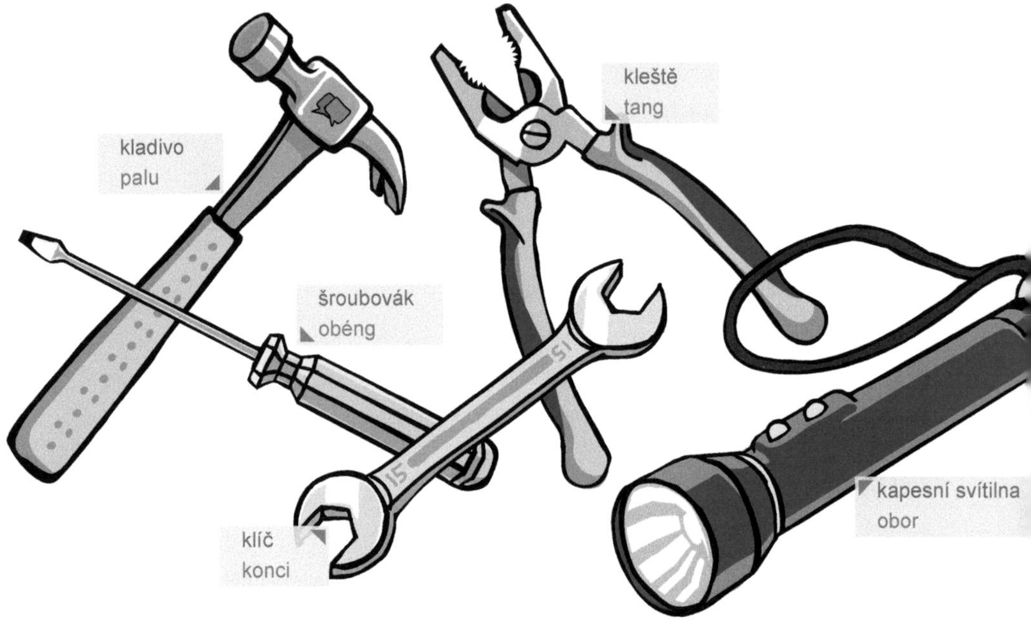

kladivo
palu

kleště
tang

šroubovák
obéng

klíč
konci

kapesní svítilna
obor

bagr

panggali

skříň na nářadí

kantong parkakas

žebřík

tangga

pila

ragaji

hřebíky

paku

vrtačka

bor

opravit
ngabenerkeun

lopata
sekop

Kurva!
Kéhéd!

lopatka
pengki

vědroé na barvu
pot cét

šrouby
sekrup bor

hudební nástroje
alat musik

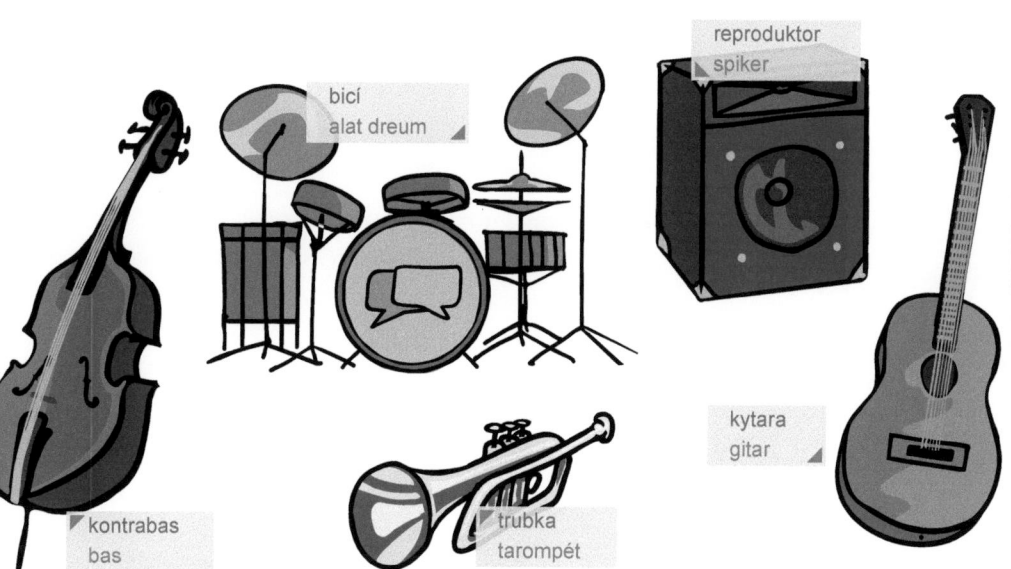

kontrabas
bas

bicí
alat dreum

reproduktor
spiker

trubka
tarompét

kytara
gitar

klavír
piano

housle
violin

basa
bas

tympán
tambur

bubny
dreum

keyboard
keyboard

saxofon
saksofon

flétna
suling

mikrofon
mikrofon

hudební nástroje - alat musik

zoo
kebon binatang

vstup / panto asup
tygr / maung
klec / kandang
zebra / sebra
krmivo pro zvířata / parab
panda / panda

zvířata
sato

slon
gajah

klokan
kanguru

nosorožec
badak

gorila
gorila

medvěd
biruang

velbloud
onta

pštros
manuk onta

lev
singa

opice
monyét

plameňák
flamingo

papoušek
manuk béo

lední medvěd
biruang polar

tučňák
penguin

žralok
hiu

páv
merak

had
oray

krokodýl
buaya

ošetřovatel zvířat
tukang jaga kebon binatang

tuleň
anjing laut

jaguár
jaguar

zoo - kebon binatang

poník
kuda poni

leopard
macan tutul

hroch
kuda nil

žirafa
jerapah

orel
heulang

divoké prase
bagong

ryby
lauk

želva
kuya

mrož
anjing laut

liška
robah

gazela
kijang

zoo - kebon binatang

sport
olahraga

aktivity
aktivitas

- smát se / seuri
- kočit / gaganjleng
- objímat / nangkeup
- jít / leumpang
- zpívat / nyanyi
- snít / ngimpén
- modlit se / ngadoa
- políbit / nyium

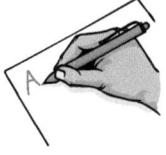

psát
nyerat / nulis

kreslit
ngalukis

ukazovat
ningalikeun

tlačit
ngadorong

dát
méré

vzít si
mawa

aktivity - aktivitas

mít boga	dělat ngalakukeun	být nya éta

stát tatih	běhat lumpat	táhnout narik

hodit malédog	padat ragrag	ležet saré

čekat nungguan	nosit nyandak	sedět diuk

oblékat anggé acuk	spát saré	vzbudit se hudang

aktivity - aktivitas

prohlédnout si ningali	plakat méwék	pohladit ngusapan

česat nyisir	hovořit nyarita	rozumět ngarti

ptát se naros	slyšet ngadéngé	pít nginum

jíst dahar	uklidit bébérés	milovat bogoh

vařit masak	jet nyetir	letět hiber

aktivity - aktivitas

plachtit
balayar

počítat
ngitung

číst
maca

učit se
diajar

pracovat
gawé

vzít si
kawin

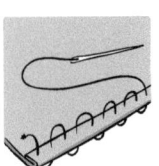

šít
ngajait

čistit si zuby
sikat huntu

zabít
maéhan

kouřit
ngarokok

poslat
ngirim

aktivity - aktivitas

rodina
kulawarga

- babička / nini
- dědeček / aki
- otec / bapak
- matka / emak
- dítě / orok
- dcera / budak awéwé
- syn / budak lalaki

host
tamu

teta
bibi

strýc
emang

bratr
aa

sestra
tétéh

rodina - kulawarga

tělo
awak

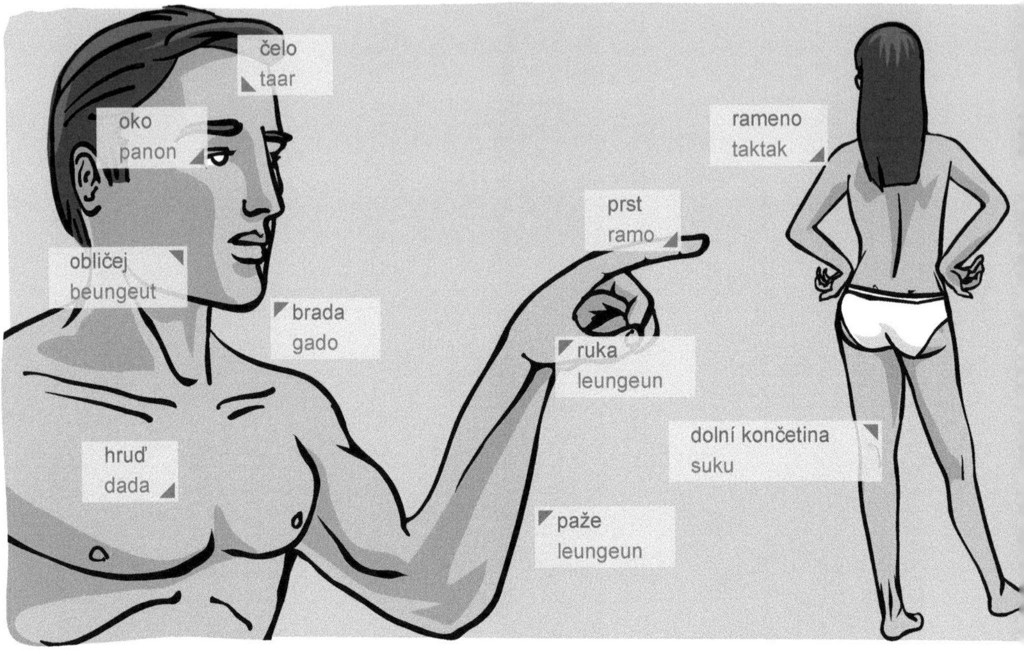

čelo		
taar		
oko		rameno
panon		taktak
obličej	prst	
beungeut	ramo	
	brada	
	gado	
	ruka	
	leungeun	
hruď		dolní končetina
dada		suku
	paže	
	leungeun	

dítě
orok

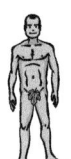

muž
lalaki

žena
awéwé

dívka
awéwé

chlapec
lalaki

hlava
sirah

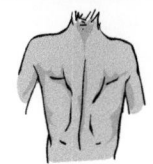

záda
tonggong

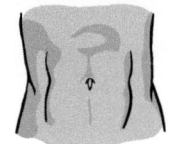

břicho
beuteung

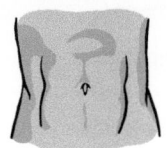

pupík
bujal

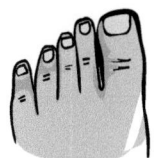

prst na noze
jempol

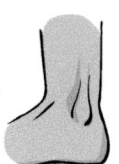

pata
keuneung

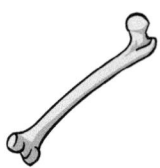

kost
tulang

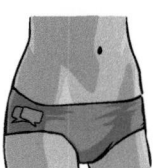

bok
cangkéng

koleno
tuur

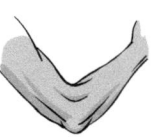

loket
sikut

nos
irung

zadek
bujur

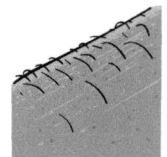

kůže
kulit

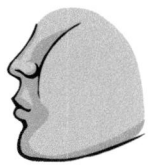

tvář
pipi

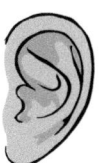

ucho
ceuli

ret
biwir

tělo - awak

ústa
baham

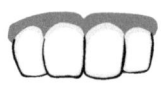

zub
huntu

jazyk
létah

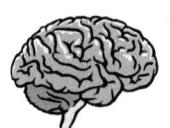

mozek
uteuk

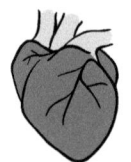

srdce
haté

sval
otot

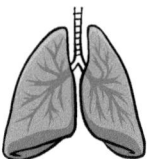

plíce
bayah

játra
ati

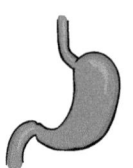

žaludek
lambung

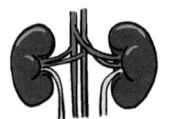

ledviny
ginjal

pohlavní styk
sapatemon

kondom
kondom

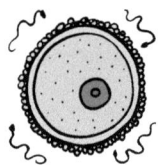

vajíčko
sél telur

sperma
spérma

těhotenství
kakandungan

tělo - awak

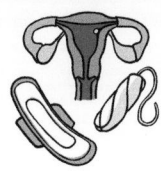

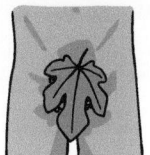

menstruace	vagina	penis
haid	heunceut	sirit

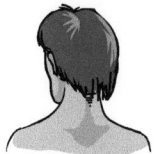

obočí	vlasy	krk
halis	buuk	beuheung

tělo - awak

nemocnice
rumah sakit

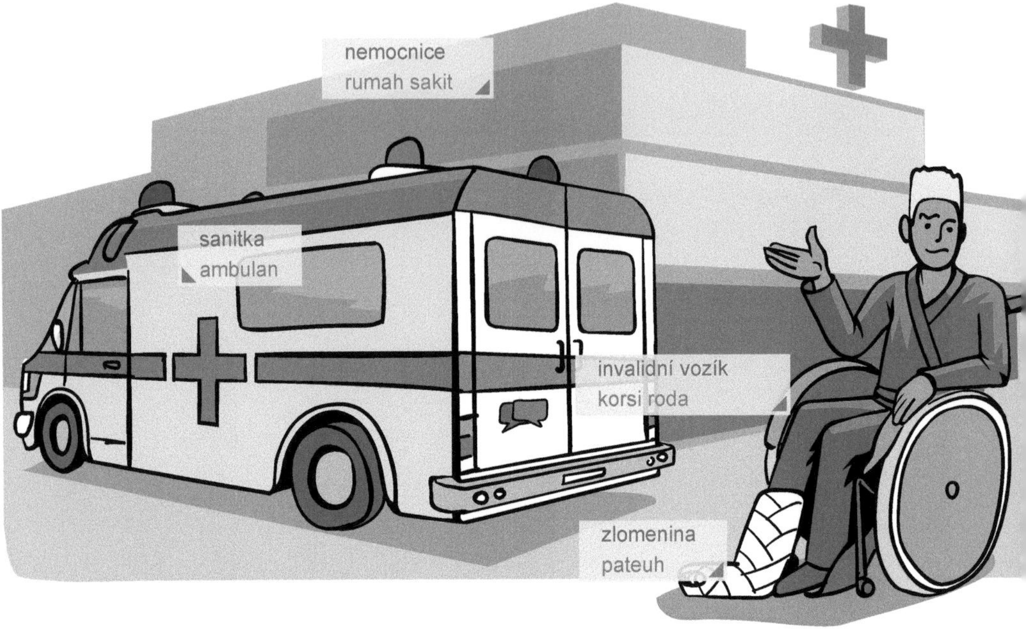

nemocnice / rumah sakit
sanitka / ambulan
invalidní vozík / korsi roda
zlomenina / pateuh

lékař
dokter

pohotovost
rohang darurat

zdravotní sestra
parawat

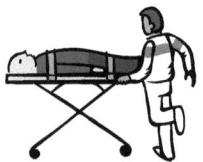
urgentní případ
darurat

v bezvědomí
pingsan

bolest
nyeri

úraz
tatu

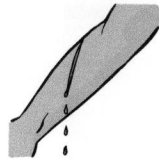
krvácení
ngaluarkeun getih

infarkt myokardu
jantungan

cévní mozková příhoda
strok

alergie
alérgi

kašel
batuk

horečka
muriang

chřipka
salésma

průjem
birit

bolest hlavy
rieut

rakovina
kanker

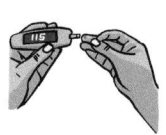
cukrovka
diabétés

chirurg
ahli bedah

skalpel
péso bedah

operace
operasi

nemocnice - rumah sakit

CT
CT

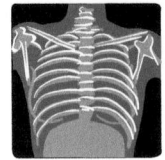
rentgen
sinar x

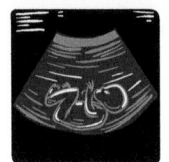
ultrazvuk
usg

maska
topéng

nemoc
panyakit

čekárna
rohang tunggu

berle
pangrojong

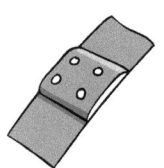
náplast
paléstér

obvaz
perban

injekce
injéksi

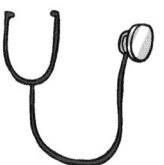
stetoskop
stétoskop

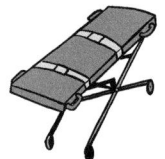
nosítka
tandu

teploměr
termométer klinis

porod
kalahiran

nadváha
obésitas

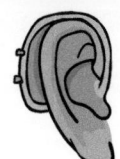  

naslouchátko	dezinfekční prostředek	infekce
alat bantu dédéngéan	désinféktan	inféksi

virus	HIV / AIDS	lékařství
virus	HIV / AIDS	obat

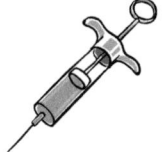 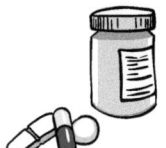 

očkování	tablety	pilulka
vaksinasi	tablét	pil

tísňové volání	tonometr	nemocný / zdravý
panggilan darurat	ngukur ténsi	gering / séhat

nemocnice - rumah sakit

urgentní případ
darurat

poplach
alarem

přepadení
gangguan

Pomoc!
Tulung!

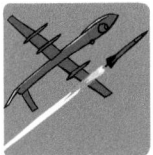
napadení
narajang

nebezpečí
bahaya

nouzový východ
panto darurat

Hoří!
Seuneu!

hasicí přístroj
alat pemadam kabakaran

nehoda
kacilakaan

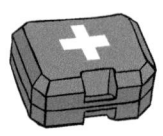
zdravotnická brašna
kotak P3K

SOS
SOS

policie
pulisi

země
Bumi

Evropa
Eropa

Severní Amerika
Amérika Utara

Jižní Amerika
Amérika Selatan

Afrika
Afrika

Asie
Asia

Austrálie
Australi

Atlantik
Atlantik

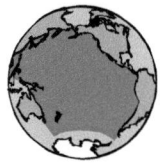

Pacifik
Pasifik

Indický oceán
Samudra Hindia

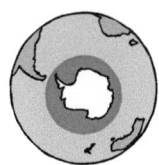

Jižní ledový oceán
Samudra Antartika

Severní ledový oceán
Samudra Arktik

severní pól
Kutub Utara

jižní pól
Kutub Selatan

Antarktida
Antartika

země
Bumi

pevnina
tanah

moře
laut

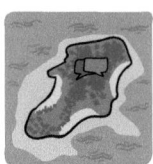
ostrov
pulau

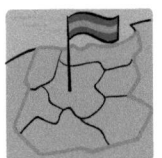
národ
bangsa

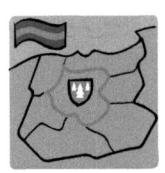
stát
nagara

hodiny
jam

ciferník
jam wajah

hodinová ručička
jarum péndék

minutová ručička
jarum menit

vteřinová ručička
jarum detik

Kolik je hodin?
Tabuh sabaraha?

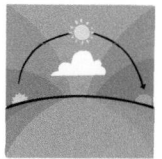

den
poé

čas
waktos

teď
ayeuna

digitální hodinky
jam digital

minuta
menit

hodina
jam

týden
minggu

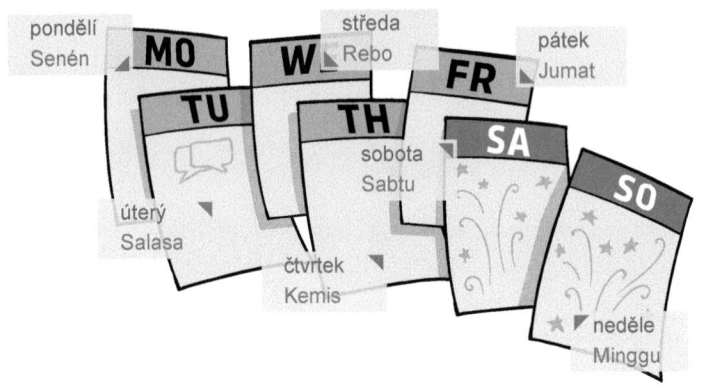

pondělí — Senén — MO
úterý — Salasa — TU
středa — Rebo — W
čtvrtek — Kemis — TH
pátek — Jumat — FR
sobota — Sabtu — SA
neděle — Minggu — SO

včera
kamari

dnes
dinten ayeuna

zítra
énjing

ráno
énjing-énjing / isuk-isuk

poledne
siang

večer
peuting

pracovní dny
poé gawé

víkend
akhir minggu

rok
taun

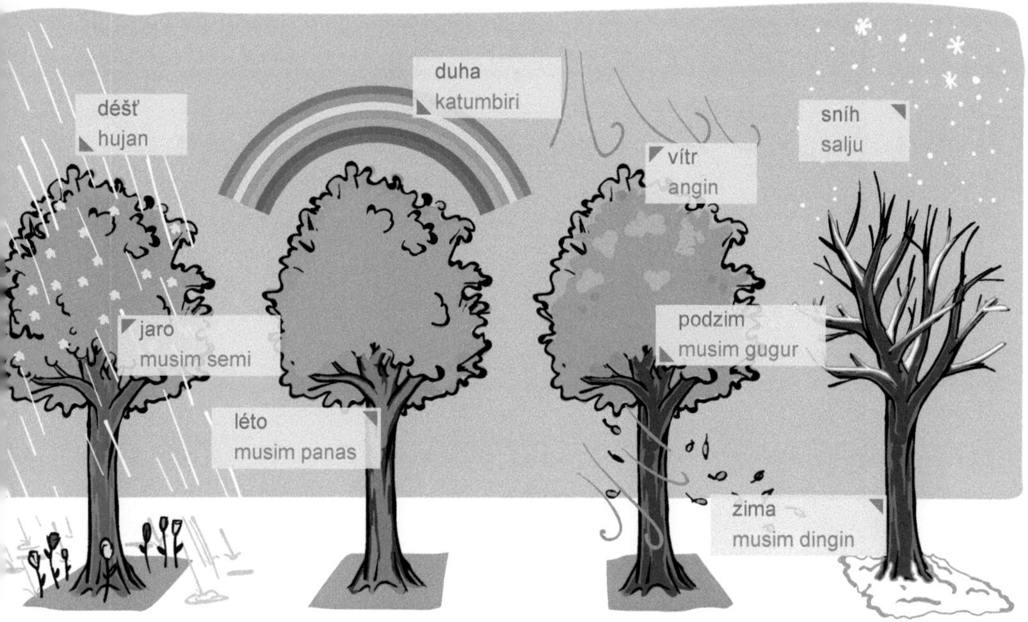

déšť
hujan
duha
katumbiri
sníh
salju
vítr
angin
jaro
musim semi
podzim
musim gugur
léto
musim panas
zima
musim dingin

4.APRIL 11°
5.APRIL 4°
6.APRIL 13°
7.APRIL 8°
8.APRIL 10°

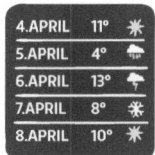

předpověď počasí

ramalan cuaca

F C
120 40
90 30
60 20
30 10
0 0
-30 -10
-20

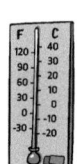

teploměr

térmométer

sluneční svit

panon poé

mrak

awan

mlha

pepedut

vlhkost

kelembaban

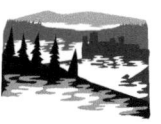

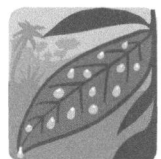

blesk
gelap

hrom
guntur

bouřka
badai

kroupy
hujan és

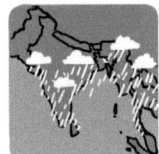
monzun
angin muson

povodeň
caah

led
és

leden
Januari

únor
Pébruari

březen
Maret

duben
April

květen
Mei

červen
Juni

červenec
Juli

srpen
Agustus

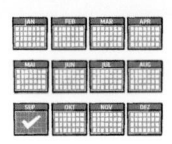

září

Séptémber

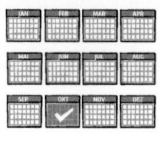

říjen

Oktober

listopad

Nopémber

prosinec

Désémber

tvary
bentuk

kruh

buleudan

čtverec

persegi

obdélník

persegi panjang

trojúhelník

segi tiga

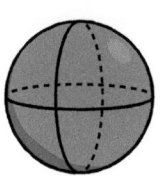

koule

bola

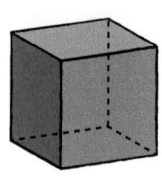

krychle

kubus

barvy
warna-warna

bílá
bodas

žlutá
konéng

oranžová
oranyeu

růžová
kayas

červená
beureum

fialová
bungur

modrá
bulao

zelená
héjo

hnědá
coklat

šedá
abu-abu

černá
hideung

protiklady
sabalikna

hodně / málo
loba / saeutik

rozzuřený / mírumilovný
ambek / kalem

krásný / ošklivý
geulis / goreng

začátek / konec
ngamimitian / réngsé

velký / malý
gedé / leutik

světlý / tmavý
caang / poék

bratr / sestra
dulur lalaki / dulur awéwé

čistý / špinavý
bersih / kotor

úplný / neúplný
lengkep / teu lengkep

den / noc
poé / peuting

mrtvý / živý
paéh / hirup

široký / úzký
lega / heureut

jedlý / nejedlý
bisa didahar / teu bisa didahar

zlý / hodný
jahat / bageur

vzrušený / znuděný
sumanget / bosen

tlustý / hubený
badag / begang

nejdříve / naposledy
kahiji / terakhir

přítel / nepřítel
baturan / musuh

plný / prázdný
pinuh / kosong

tvrdý / měkký
heuras / lemes

těžký / lehký
beurat / hampang

hlad / žízeň
kalaparan / haus

nemocný / zdravý
gering / séhat

ilegální / legální
ilegal / legal

inteligentní / hloupý
calakan / bodo

vlevo / vpravo
kénca / katuhu

blízko / daleko
deukeut / jauh

nový / použitý

anyar / urut

nic / něco

euweuh nanaon / aya nanaon

starý / mladý

kolot / ngora

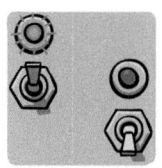

zapnutý / vypnutý

hurung / pareum

otevřeno / zavřeno

buka / tutup

tichý / hlasitý

jempé / gandéng

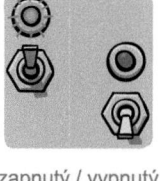

bohatý / chudý

beunghar / sangsara

správný / špatný

bener / salah

drsný / hladký

kasar / lemes

smutný / šťastný

sedih / gumbira

krátký / dlouhý

pendék / panjang

pomalý / rychlý

alon / gancang

vlhký / suchý

baseuh / garing

teplý / chladný

haneut / tiis

válka / mír

perang / damai

protiklady - sabalikna

čísla
angka-angka

0
nula
nol

1
jedna
hiji

2
dva
dua

3
tři
tilu

4
čtyři
opat

5
pět
lima

6
šest
genep

7
sedm
tujuh

8
osm
dalapan

9
devět
salapan

10
deset
sapuluh

11
jedenáct
sawelas

12 dvanáct
duawelas

13 třináct
tiluwelah

14 čtrnáct
opatwelas

15 patnáct
limawelas

16 šestnáct
genepwelas

17 sedmnáct
tujuhwelas

18 osmnáct
dalapanwelas

19 devatenáct
salapanwelas

20 dvacet
duapuluh

100 sto
saratus

1.000 tisíc
sarébu

1.000.000 milion
sajuta

čísla - angka-angka

jazyky
basa-basa

angličtina
Inggris

americká angličtina
basa Inggris Amerika

standardní čínština
basa Cina Mandarin

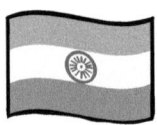
hindština
basa Hindi

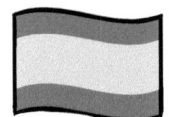
španělština
basa Spanyol

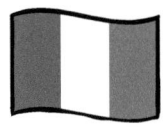
francouzština
basa Perancis

arabština
basa Arab

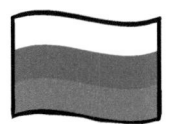
ruština
basa Rusia

portugalština
basa Portugis

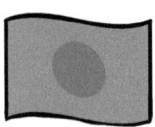
bengálština
basa Bengal

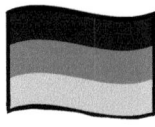
němčina
basa Jerman

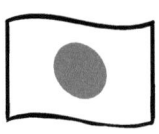
japonština
basa Jepang

Kdo / co / jak
saha / naon / kumaha

já
urang

ty
manéh

on / ona / ono
anjeunna / manéhna

my
arurang

vy
maranéh

oni
aranjeunna / maranéhna

Kdo?
saha?

Co?
naon?

Jak?
kumaha?

Kde?
di mana?

Kdy?
iraha?

Kde?
di mana?

jméno
wasta / ngaran

kde
di mana

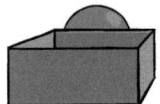
za
di tukang

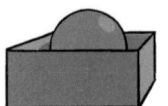
do
di

z
di hareup

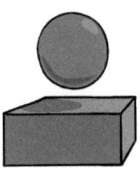
nad
di luhureun

na
di luhur

mezi
di handapeun

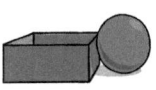
vedle
di gigir

mezi
antawis

místo
tempat